A wyddoch chi am
Chwaraeon Cymru?

diddorol

rhyfedd

anhygoel

anghredadwy

gwych

difyr

Diolch i Zac a Sam Archer a Morgan J. Jones am blannu'r hedyn ar gyfer y gyfres.

Cyhoeddwyd gyntaf yn 2013 gan
Wasg Gomer, Llandysul, Ceredigion, SA44 4JL
www.gomer.co.uk
ISBN 978 1 84851 441 6
ⓗ y testun: Alun Wyn Bevan, 2013 ©
ⓗ y cartwnau: Eric Heyman, 2013 ©

Mae Alun Wyn Bevan ac Eric Heyman wedi datgan eu hawl dan Ddeddf Hawlfreintiau,
Dyluniadau a Phatentau 1988 i gael eu cydnabod fel awdur ac arlunydd y llyfr hwn.

Noddwyd gan Lywodraeth Cymru.

Cyhoeddwyd dan nawdd Cynllun Adnoddau Addysgu a Dysgu CBAC.

Argraffwyd a rhwymwyd yng Nghymru gan Wasg Gomer, Llandysul, Ceredigion, SA44 4JL

Dymuna'r cyhoeddwyr ddiolch i'r canlynol am roi caniatâd i atgynhyrchu lluniau yn y llyfr hwn:
Clawr blaen: Alamy (epa european pressphoto agency b.v.), Photolibrary Wales (Andrew Orchard), Shutterstock
	(Neil Wigmore)
Alamy: t. 6 (Associated Sports Photography), 7 (Allstar Picture Library; Associated Sports Photography), 8 (epa
	european pressphoto agency b.v.; Jeff Morgan 08), 12 (David Edsam), 14 (Gallo Images), 15 (Jeremy Inglis),
	17 (Allstar Picture Library), 18 (david pearson; ALLSTAR Picture Library), 19 (Eleanor Parsons; Leo Mason
	sports photos), 20 (CTK), 22 (epa european pressphoto agency b.v.), 23 (Jeremy Inglis), 24 (Allstar Picture
	Library; Jeremy Inglis), 25 (ALLSTAR Picture Library), 26 (epa european pressphoto agency b.v.), 27 (epa
	european pressphoto agency b.v.; Peter Llewellyn), 28 (Galen Rowell/Mountain Light), 29 (Archive Pics),
	30 (UK City Images), 32 (David Curtis; Sport In Pictures; Everett Collection Historical).
Alun Morris Jones: t. 26
PhotolibraryWales.com: t. 7 (Andrew Orchard), 11 (David Williams), 12 (Mike Dean; Andrew Orchard), 13 (Andrew
	Orchard), 14 (Huw Jones), 15 (Jeff Morgan), 19 (Glyn Evans; Andrew Orchard), 21 (Andrew Orchard; Ceri
	Breeze), 22 (David Williams; Glyn Evans), 23 (David Williams), 26 (Andrew Orchard), 27 (Glyn Evans),
	29 (Steve Peake).
Shutterstock: t. 6 (Neil Wigmore), 9, 10 (photogolfer), 13 (Rosli Othman), 14, 15, 16, 17, 20, 22, 23, 24, 25, 27, 28, 29,
	30, 31 (NEIL ROY JOHNSON),
Logo: t. 6 (Y Dreigiau; Y Gleision; Y Gweilch; Y Scarlets).

A wyddoch chi am Chwaraeon Cymru?

Alun Wyn Bevan

Cartwnau gan Eric Heyman

Gomer

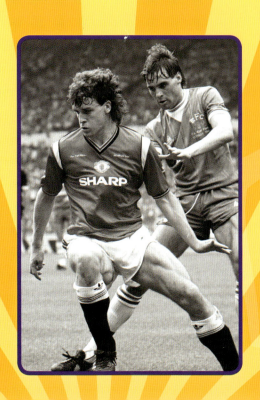

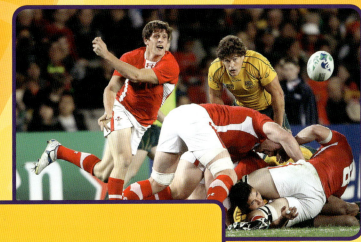

Cynnwys

Rygbi
A wyddoch chi ...

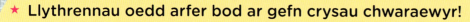

★ **Pledren** mochyn oedd y bêl rygbi gyntaf!

★ Cafodd Undeb Rygbi Cymru ei ffurfio yng Nghastell-nedd ym Mawrth 1881.

★ Mae rygbi saith pob ochr wedi cael ei **ychwanegu** fel un o'r campau yng Ngêmau Olympaidd Rio de Janeiro yn 2016.

★ Llythrennau oedd arfer bod ar gefn crysau chwaraewyr!

★ Ond rhifau oedd ar grysau Cymru o 1922 ymlaen.

★ Mae cyfenwau'r chwaraewyr ar gefn y crysau hefyd erbyn hyn.

★ Mae gan Gymru bedwar tîm rygbi **rhanbarthol** proffesiynol:

Y Dreigiau – Casnewydd a Gwent

Y Gleision – Caerdydd, Pontypridd, y Cymoedd a de Powys

Y Gweilch – Castell-nedd, Abertawe, Aberafan a Phen-y-bont ar Ogwr

Y Scarlets – Llanelli, y gorllewin a'r canolbarth

Ffaith!

Cafodd gêm glwb ei *gohirio* yn 1966 gan nad oedd neb wedi dod â phêl!

★ Mae enw ein cae rygbi cenedlaethol yng Nghaerdydd wedi newid dair gwaith:
- Parc yr Arfau
- Maes Cenedlaethol
- Stadiwm y Mileniwm

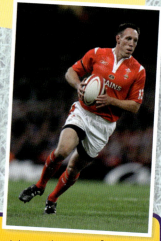

Geirfa

pledren: cwdyn o groen o fewn y corff
ychwanegu: rhoi rhywbeth at rywbeth
rhanbarthol: rhywbeth sy'n perthyn i ran o wlad neu i ran o'r byd
gohirio: symud i ryw amser yn y dyfodol

C+A

CWESTIWN: Pwy sgoriodd y cais cyntaf yn Stadiwm y Mileniwm?
ATEB: Mark Taylor – mewn gêm rhwng Cymru a De Affrica yn 1999.

A wyddoch chi ...

Recordiau Byd y Cymry

★ **George North** yw'r ieuengaf i sgorio cais mewn gêm Cwpan y Byd (19 mlwydd oed).

★ **Colin Charvis** yw'r blaenwr sydd wedi sgorio'r mwyaf o geisiau (22).

★ Chwaraeodd **Gareth Edwards** 53 gêm yn olynol dros ei wlad, ac ef oedd y Cymro cyntaf i ennill 50 cap (1978).

★ Ciciodd **Paul Thorburn** y gic gosb hiraf erioed (64.2 metr) mewn gêm rhwng Cymru a'r Alban yn 1986.

George North

Colin Charvis

Gareth Edwards

Shane Williams

★ Mae'r arbenigwyr a'r cefnogwyr yn credu mai Shane yw'r asgellwr gorau erioed i gynrychioli Cymru.

★ Sgoriodd Shane 60 o geisiau rhyngwladol (58 i Gymru a dau i'r Llewod) – y rhif mwyaf erioed i chwaraewr o Ewrop.

Ffaith!

Rhoddodd tad Shane Williams fet o £50 yn dweud mai ei fab fyddai prif sgoriwr ceisiau Cymru rhyw ddiwrnod. Enillodd £25,000 pan sgoriodd Shane gais rhif 41!

Record	Enw	Oedran	Pa flwyddyn?
Yr ieuengaf i ennill cap dros Gymru	Tom Prydie	18 mlwydd oed a 25 diwrnod	2010
Yr ieuengaf i sgorio cais yn ei gêm gyntaf dros Gymru	George North	18 mlwydd oed a 214 diwrnod	2011
Capten ieuengaf Cymru	Gareth Edwards	20 mlwydd oed a saith mis	1968
Capten Cwpan y Byd ieuengaf Cymru	Sam Warburton	22 mlwydd oed a 341 diwrnod	2011
Blaenwr ieuengaf Cymru i ennill 50 cap	Alun Wyn Jones	25 mlwydd oed, 10 mis ac 18 diwrnod	2011

Geirfa

olynol: rhywun neu rywbeth sy'n dilyn ei gilydd

rhyngwladol: rhywun neu rywbeth sy'n perthyn i fwy nag un gwlad

A wyddoch chi ...

Cwpan y Byd

★ Cyrhaeddodd Cymru rownd gynderfynol Cwpan y Byd yn 2011 am y tro cyntaf ers 1987.

★ Sgôr gorau Cymru mewn gêm Cwpan y Byd oedd 81-7 yn erbyn Namibia yn 2011.

Chwaraewyr Anlwcus

★ **Arthur Buchanan** – 1876 – bu farw capten Clwb Rygbi Llanelli wrth lithro dros ymyl wal a saethu'i hun ar ddamwain wrth hela hwyaid.

★ **Henry Jarman** – 1910 – bu farw'r blaenwr rhyngwladol o Gymru ar ôl neidio o flaen tram lo i achub bywydau grŵp o blant.

★ **Jean-Pierre Salut** – 1969 – baglodd ar y grisiau ar y ffordd i'r cae yn Stade Colombes yn 1969 a thorri'i bigwrn.

★ **Gaston Vareilles** – 1910 – ar ei ffordd i Baris i ennill ei gap cyntaf dros Ffrainc, camodd oddi ar y trên i brynu *baguette*. Collodd y trên, a chwaraeodd e fyth eto i'r Tricolor!

Ffaith!

Ychydig funudau cyn ennill ei gap cyntaf yn 1975, roedd y canolwr Ray Gravell yn ei ddagrau ar ôl derbyn telegram oddi wrth Twdls y gath yn dymuno'n dda iddo!

C+A

CWESTIWN: Sawl cyfres mae'r Llewod wedi'i hennill yn Seland Newydd?

ATEB: Dim ond un – yn 1971 dan arweiniad yr hyfforddwr o Gymru, Carwyn James.

Geirfa

rownd gynderfynol: y rownd olaf ond un
damwain: rhywbeth drwg sy'n digwydd heb ei gynllunio
achub: cadw rhywun neu rywbeth rhag cael niwed
arweiniad: y gwaith o ddangos y ffordd

Golff

A wyddoch chi ...

★ Mae 176 o gyrsiau golff yng Nghymru.

★ Undeb Golff Cymru yw'r ail undeb hynaf yn y byd.

★ Cafodd clwb golff hynaf Cymru ei ffurfio yn Ninbych-y-pysgod yn 1888.

★ Mae golff wedi cael ei ychwanegu fel un o'r campau yng Ngêmau Olympaidd Rio de Janeiro yn 2016!

Ffaith!

Mae golff wedi cael ei chwarae ar y lleuad, ac mae dwy bêl yn dal i fod yno!

★ Mae'n rhaid i bob twll golff fod yn union 4.25 modfedd (11 centimetr) mewn diamedr.

★ Mae peli golff yn teithio'n bellach ar ddiwrnodau cynnes!

C+A

CWESTIWN: Sawl pant sydd ar bêl golff swyddogol?

ATEB: 336.

Geirfa

diamedr: y pellter ar draws cylch trwy ei ganol

A wyddoch chi ...

Becky Brewerton

★ Hi yw'r unig Gymraes i ennill lle yn nhîm Ewrop yng nghystadleuaeth Cwpan Solheim, sef **fersiwn** y merched o'r Cwpan Ryder.

Ian Woosnam

★ Enillodd Ian Woosnam a David Llewellyn Gwpan y Byd i Gymru yn 1987.

★ Mae Woosnam wedi **cynrychioli** Cymru mwy na 15 gwaith yng Nghwpan y Byd.

★ Ef oedd y cyntaf o Ewrop i ennill mwy na $1 miliwn o ddoleri (tua £640,000 o bunnoedd) mewn un tymor!

★ Roedd e'n rhif un yn y byd yn 1991.

★ Cafodd ei gyflwyno fel 'Ian Woosnam from Wales, England' pan enillodd Bencampwriaeth y Meistri yn Unol Daleithiau America yn 1991. Derbyniodd ymddiheuriad.

★ Chwaraeodd mewn wyth Cwpan Ryder yn olynol rhwng 1983 ac 1997.

★ Arweiniodd ei dîm i fuddugoliaeth fel capten Ewrop yng Nghwpan Ryder 2006.

C+A

CWESTIWN: Pam ddaeth cyfarfod o Gyngor Tref Dinbych-y-pysgod i ben yn gynnar yn 1875?

ATEB: Roedd y Maer wedi trefnu i chwarae golff yn y prynhawn!

Geirfa

fersiwn: rhywbeth sy'n debyg iawn, ond ychydig yn wahanol

cynrychioli: gwneud rhywbeth yn lle rhywun neu siarad ar ran rhywun arall

A wyddoch chi ...

Y Cwpan Ryder

★ Dim ond chwe twll-mewn-un sydd erioed wedi cael eu taro yn y Cwpan Ryder.

★ Nid yw plant o dan bump oed yn cael mynd i'r gystadleuaeth.

★ Mae chwe golffiwr o Gymru wedi cystadlu yn y Cwpan Ryder hyd yma – Bert Hodson, Dave Thomas, Dai Rees, Brian Huggett, Ian Woosnam a Phillip Price.

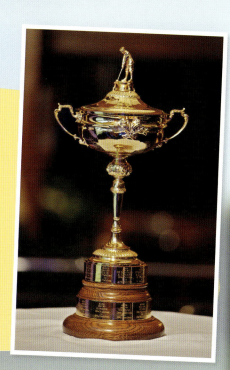

Y Celtic Manor

★ Cafodd y Cwpan Ryder ei gynnal yng Nghymru am y tro cyntaf yn Hydref, 2010.

★ Cwrs y Celtic Manor yng Nghasnewydd gafodd ei ddefnyddio.

★ Costiodd y cwrs £16,000,000 (£16 miliwn) i'w greu.

★ Cymerodd bum mlynedd i'w ddatblygu.

★ Cafodd 1.1 miliwn tunnell o bridd ei symud.

★ Wrth greu'r cwrs gwnaethon nhw sawl darganfyddiad archaeolegol, gan gynnwys crochenwaith Rhufeinig a beddau.

★ Prif Weinidog Cymru, Carwyn Jones, agorodd y twrnamaint yn swyddogol.

C+A

CWESTIWN: Pam aeth y Cwpan Ryder ymlaen i'r pedwerydd diwrnod am y tro cyntaf erioed yn 2010?

ATEB: Oherwydd y tywydd gwael!

Geirfa

darganfyddiad: dod o hyd i rywbeth am y tro cyntaf

archaeolegol: astudiaeth o olion dyn o amser cyn dechrau cofnodi hanes

crochenwaith: llestri wedi'u gwneud gan grochenydd

twrnamaint: cyfres o gystadlaethau nes bydd y pencampwr yn ennill

Pêl-droed
A wyddoch chi ...

★ Cymru yw'r trydydd tîm pêl-droed rhyngwladol hynaf yn y byd.

★ Y Cae Ras yn Wrecsam yw'r stadiwm rhyngwladol hynaf yn y byd sy'n dal i gynnal gêmau rhyngwladol.

★ Caerdydd yw'r unig dîm o Gymru i ennill Cwpan Lloegr.

C+A

CWESTIWN: Sawl Cymro sydd wedi sgorio yn rowndiau terfynol Cwpanau Ewrop?

ATEB: Pedwar – Mike England, Mark Hughes, John Hartson a Simon Davies.

Yr Uwch Gynghrair

★ Clwb pêl-droed Abertawe, yr Elyrch, yw'r unig dîm o Gymru i gyrraedd Uwch Gynghrair Lloegr.

★ Cafodd y clwb £90,000,000 (£90 miliwn) ar ôl y dyrchafiad yn 2011.

Pêl-droedwyr Penigamp!

★ **Ryan Giggs** oedd y Cymro cyntaf i sgorio gôl yn Stadiwm y Mileniwm.

★ Mae e wedi ymddangos 923 gwaith i dîm Manchester United, ac mae'n dal i chwarae.

★ Mae e wedi sgorio 165 gôl i'r tîm hyd yn hyn.

★ **Gary Speed** oedd y cyntaf erioed i wneud 500 ymddangosiad yn yr Uwch Gynghrair.

★ **Mark Hughes** oedd y cyntaf i ennill gwobr Chwaraewr y Flwyddyn gan Gymdeithas y Pêl-droedwyr Proffesiynol (PFA) ddwy waith – yn 1989 ac 1991.

★ Ian Rush, Mark Hughes, Ryan Giggs a Gareth Bale yw'r unig chwaraewyr eraill o Gymru i ennill y wobr hon.

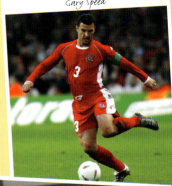

Ryan Giggs

Gary Speed

Mark Hughes

Geirfa

dyrchafiad: codi i safle uwch
ymddangosiad: rhywun neu rywbeth sy'n dod i'r golwg, neu'n bod yn bresennol

A wyddoch chi ...

Record	Enw	Oedran	Pa flwyddyn?
Sgoriwr ieuengaf Cymru	Gareth Bale	17 mlwydd oed a 35 diwrnod	2006
Yr ieuengaf i chwarae dros Gymru	Gareth Bale	16 mlwydd oed a 315 diwrnod	2006
Yr hynaf i chwarae mewn gêm dros Gymru	Billy Meredith	45 mlwydd oed a 229 diwrnod	1920
Capten ieuengaf Cymru	Aaron Ramsey	20 mlwydd oed a 90 diwrnod	2011

Aaron Ramsey

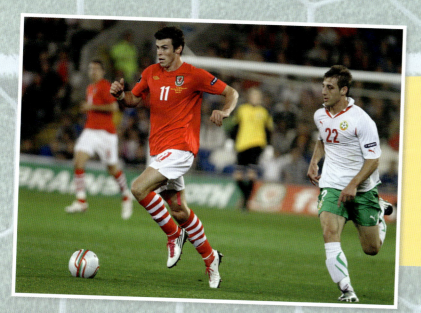

Gareth Bale

★ Petai Gareth Bale yn cael ei drosglwyddo i dîm arall, byddai'n werth tua £35,000,000 (£35 miliwn).

Ffaith!

Yn 2011, gwisgodd Robbie Savage 72 o grysau pêl-droed ar yr un pryd – mae hyn yn record byd!

C+A

CWESTIWN: Faint o bellter sydd rhwng dau bostyn gôl pêl-droed?

ATEB: 18 troedfedd a chwe modfedd (5.64 metr).

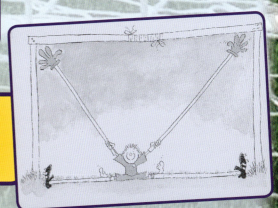

Criced
A wyddoch chi ...

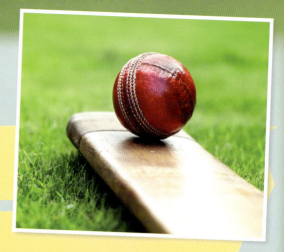

★ Cafodd y gêm griced swyddogol gyntaf yng Nghymru ei chwarae yn 1783 ar dir comin Cwrt-henri yn Sir Gaerfyrddin.

Clwb Criced Morgannwg

★ Cafodd Clwb Criced Morgannwg ei ffurfio yn 1888.

★ Dyma'r unig glwb criced sydd wedi cynrychioli Cymru ym Mhencampwriaeth y Siroedd ers 1921.

★ Enillodd y clwb y Bencampwriaeth yn 1948, 1969 ac 1997.

★ Stadiwm SWALEC yng Ngerddi Soffia, Caerdydd yw prif gartref tîm criced Morgannwg.

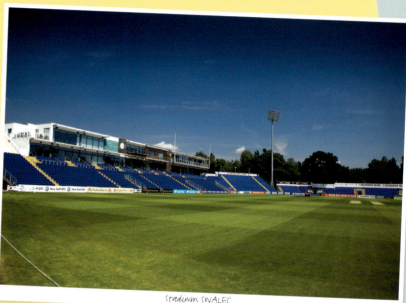

Stadiwm SWALEC

Matthew Maynard

C+A

CWESTIWN: Pa chwaraewyr sydd wedi sgorio'r nifer mwyaf o rediadau yn hanes clwb criced Morgannwg?

ATEB:
1. Alan Jones   34,056
2. Emrys Davies   26,102
3. Matthew Maynard   22,764
4. Gilbert Parkhouse   22,619

Ffaith!

Yn 1993, llwyddodd Matthew Maynard i sgorio 100 o rediadau cyn amser cinio yn erbyn Awstralia ar y Gnoll yng Nghastell-nedd.

Geirfa

comin: darn o dir mae gan bawb yr hawl i'w ddefnyddio

C+A

CWESTIWN: Ble mae'r cae criced uchaf yng Nghymru?

ATEB: Bethesda. Mae modd gweld copaon Tryfan, Carnedd Dafydd a Charnedd Llywelyn oddi yno ar ddiwrnod clir!

A wyddoch chi ...

* ★ **Robert Croft** yw'r Cymro cyntaf i gael 10,000 o rediadau a hawlio 1,000 o wicedi mewn gêmau criced dosbarth cyntaf.

Ffaith!

Roedd Stadiwm SWALEC yng Nghaerdydd yn gartref i un o gêmau cyfres y Lludw yn 2009.

Gêmau'r gorffennol

* ★ Mewn gêm ar faes Sain Helen yn Abertawe yn 1969, tarodd Garry Sobers chwech chwech mewn pelawd. Ef oedd y cyntaf erioed i gyflawni hyn.

* ★ Cynrychiolodd Derryth Lynne Thomas o Lanelli dîm criced merched Lloegr rhwng 1966 ac 1982.

Ffaith!

Mae coeden fawr yn tyfu ar ganol maes criced Arberth. Pan fydd y bêl yn taro boncyff neu frigyn, bydd pedwar rhediad yn cael eu dyfarnu i'r batiwr.

Geirfa

hawlio: mynnu rhywbeth
pelawd: mae bowliwr yn bowlio pêl chwe gwaith at gricedwr mewn pelawd
dyfarnu: rheoli gêm

Tennis
A wyddoch chi ...

★ Roedd Cymro, yr Uwch-gapten Walter Clopton Wingfield, wedi *dyfeisio* tennis lawnt yn 1873 er mwyn *difyrru* ei westeion adeg partïon!

★ Mae modd chwarae tennis ar gwrt glaswellt, ar gwrt clai neu ar gwrt caled.

★ Pencampwriaethau Agored Awstralia, Ffrainc a'r Unol Daleithiau, yn ogystal â Wimbledon, yw prif gystadlaethau'r byd tennis.

- • Wimbledon – cwrt glaswellt
- • Pencampwriaeth Agored Ffrainc – cwrt clai
- • Pencampwriaeth Agored Awstralia – cwrt caled
- • Pencampwriaeth Agored yr Unol Daleithiau – cwrt caled

cwrt glaswellt

cwrt clai

cwrt caled

Ffaith!

Michael Davies yw'r unig Gymro i gyrraedd rownd derfynol yn Wimbledon, a hynny yng nghystadleuaeth parau'r dynion.

C+A

CWESTIWN: Pam gollodd Venus Williams o Unol Daleithiau America bwynt ym Mhencampwriaeth Agored Awstralia yn 1999?

ATEB: Oherwydd bod rhes o fwclis wedi dod yn rhydd o'i gwallt ac wedi *gwasgaru* dros y cwrt cyfan.

Geirfa

dyfeisio: creu dyfais newydd neu ffordd newydd o wneud rhywbeth

difyrru: diddanu; gwneud i bobl fwynhau eu hunain

gwasgaru: taflu yma a thraw

A wyddoch chi ...

* Yn 1972 newidiodd y peli tennis o fod yn wyn i felyn optig er mwyn i wylwyr teledu eu gweld yn well ar y sgrin.

* Mae pob pêl yn cael ei llenwi ag aer er mwyn iddi fownsio'n well.

* Mae 300,000,000 (300 miliwn) o beli tennis yn cael eu cynhyrchu bob blwyddyn.

* Mae peli Wimbledon yn cael eu hailgylchu i wneud cartrefi i lygod medi.

Ffaith!

Ar ôl colli yng nghystadleuaeth senglau'r bechgyn yn Wimbledon yn 2011, bu Evan Hoyt o Lanelli'n chwarae tennis gyda Rafael Nadal er mwyn ei helpu i ymarfer ar gyfer rownd derfynol y bencampwriaeth!

C+A

CWESTIWN: Pwy oedd y Prydeiniwr cyntaf mewn 76 mlynedd i ennill Pencampwriaeth Agored yr Unol Daleithiau yn 2012?

ATEB: Andy Murray.

Geirfa

cynhyrchu: gwneud

rownd derfynol: rownd olaf

Athletau
A wyddoch chi ...

Gêmau Olympaidd a Pharalympaidd Llundain 2012

★ Cafodd y medalau efydd, arian ac aur ar gyfer y Gêmau Olympaidd yn Llundain 2012 eu cynhyrchu yn Llantrisant ger Caerdydd!

★ Y rhain yw'r medalau Olympaidd mwyaf a'r trymaf erioed!

★ 85 milimedr yw diamedr pob medal.

★ Roedd yn cymryd deg awr i greu pob medal.

★ Enillodd y Cymry:

• saith medal yng Ngêmau Olympaidd Llundain (tair medal aur a phedair medal arian)

• 14 medal yng Ngêmau Paralympaidd Llundain (tair medal aur, tair medal arian ac wyth medal efydd)

★ Roedd dau Gymro wedi cystadlu yn y ras 400 metr dros y clwydi yng Ngêmau Olympaidd Llundain yn 2012:

• Dai Greene o Lanelli (pencampwr y byd, 2011)

• Rhys Williams o Ben-y-bont ar Ogwr (pencampwr Ewrop, 2012)

Rhys Williams

Dai Greene

★ Enillodd fedal aur ym Mhencampwriaeth y Byd yn 2011 yn Daegu, De Korea.

★ Enillodd fedal aur ym Mhencampwriaeth Ewrop yn 2010 yn ras y 400 metr dros y clwydi yn Barcelona.

★ Enillodd fedal aur yng Ngêmau'r Gymanwlad yn 2010 yn Delhi, India. Ei amser oedd 48.52 eiliad.

★ Dai Greene oedd capten tîm Prydain yng Ngêmau Olympaidd Llundain yn 2012.

Geirfa

clwydi: math arbennig o rwystr a ddefnyddir mewn ras, fel bod yn rhaid i athletwyr redeg a neidio drosto

A wyddoch chi ...

Aled Siôn Davies

★ Yng Ngêmau Olympaidd a Pharalympaidd Llundain, 2012, enillodd Aled o Ben-y-bont ar Ogwr:
- fedal aur am daflu'r ddisgen (46.14 metr)
- fedal efydd am daflu'r pwysau

Nathan Stephens

★ Enillodd fedal aur yng nghystadleuaeth y waywffon ym Mhencampwriaethau Paralympaidd Athletau'r Byd yn Seland Newydd yn 2011.

★ Torrodd record y byd wrth daflu gwaywffon 41.37 metr yn 2011.

★ Mae Nathan ac Aled Siôn Davies yn hyfforddi ochr yn ochr â'i gilydd.

Y Farwnes Tanni Grey-Thompson

★ Mae gan yr athletwraig baralympaidd:
- 11 medal aur
- dair medal arian
- un fedal efydd

★ Enillodd Farathon Llundain ar chwech achlysur rhwng 1992 a 2002.

Helen Jenkins

★ Roedd hi'n rhif un ym Mhencampwriaeth y Byd yn 2008 a 2011.

Kirsty Wade

★ Y rhedwraig pellter canol o Landrindod oedd y ferch gyntaf i ennill tlws Personoliaeth Chwaraeon y Flwyddyn BBC Cymru yn 1986.

★ Enillodd dair medal aur yng Ngêmau'r Gymanwlad.

A wyddoch chi ...

Ffaith!

Casglodd miloedd o bobl ym mhentref Nant-y-moel er mwyn llongyfarch Lynn ar ei lwyddiant a diolchodd ef iddyn nhw drwy ffenest ei ystafell wely!

Lynn Davies

★ Ef oedd y Cymro cyntaf i ennill medal aur Olympaidd unigol, a hynny yn y naid hir yn Tokyo yn 1964.

★ Ef oedd yr athletwr cyntaf i ddal gafael ar deitlau Olympaidd, Ewropeaidd a Gêmau'r Gymanwlad ar yr un pryd.

★ Neidiodd dros wyth metr 21 gwaith. Yn 2009, dim ond dau athletwr o Brydain lwyddodd i neidio dros wyth metr.

Sut mae pellter Lynn Davies yn y naid hir yn cymharu ag enillwyr eraill?

Enw	Gêmau Olympaidd	Pellter
Lynn Davies (Prydain)	Tokyo (1964)	8.07 metr
Bob Beamon (Unol Daleithiau America)	Dinas México (1968)	8.90 metr
Carl Lewis (Unol Daleithiau America)	De Korea (1988)	8.72 metr

Geirfa

llongyfarch: dweud wrth rywun pa mor falch yr ydych chi o rywbeth da sydd wedi digwydd iddo/iddi

A wyddoch chi ...

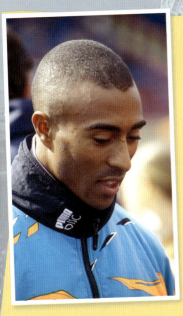

Colin Jackson

★ Colin oedd yn berchen ar record y byd yn y ras 110 metr dros y clwydi am gyfnod o 13 mlynedd (rhwng 1993 a 2006)!

★ 12.91 eiliad oedd ei amser.

★ Ef hefyd sy'n berchen ar record y byd yn y ras 60 metr dros y clwydi dan do (7.30 eiliad oedd ei amser yn 1994).

★ Enillodd fedal arian yng Ngêmau Olympaidd Seoul yn 1988.

★ Ni lwyddodd i ennill medal aur Olympaidd.

★ Roedd yn bencampwr y byd ddwy waith – Stuttgart 1993 a Seville 1999.

★ Roedd yn bencampwr yng Ngêmau'r Gymanwlad ddwy waith – Auckland 1990 a Victoria 1994.

CWESTIWN: Ar ba gyfres deledu y gwnaeth Colin Jackson ddawnsio yn 2005?
ATEB: *Strictly Come Dancing.* Daeth yn ail yn y rownd derfynol!

★ Collodd nifer o gystadleuwyr eu ffordd mewn niwl trwchus a rhedeg dros 20 milltir yn ras hanner Marathon (13 milltir) Newton-Aycliffe, Swydd Durham.

★ **Josef Barthel** – 1952 – Gêmau Olympaidd Helsinki. Pan enillodd ras y 1500 metr, doedd neb wedi paratoi cerddoriaeth anthem genedlaethol Luxembourg ar gyfer seremoni'r enillwyr.

★ **Jesse Owens** – 1936 – Gêmau Olympaidd Berlin. Enillodd bedair medal aur, ond pan aeth i westy yn Efrog Newydd ar gyfer cinio i'w **anrhyddeddu** bu'n rhaid iddo ddefnyddio mynediad y gweision gan ei fod yn berson du.

★ **Fred Lorz** – 1904 – Gêmau Olympaidd St Louis. Roedd e ar fin derbyn medal aur am ennill y Marathon, pan ddaeth i'r amlwg ei fod wedi teithio 12 milltir mewn car!

Geirfa

anrhyddeddu: parchu; cydnabod statws uchel person

Nofio
A wyddoch chi ...

Pwll Rhyngwladol Caerdydd

★ Ar ôl athletau, nofio yw camp fwyaf llwyddiannus Cymru yn y Gêmau Olympaidd a Pharalympaidd.

C+A

CWESTIWN: Sawl pwll o hyd Olympaidd 50 metr sydd yng Nghymru?

ATEB: Dim ond dau:
- Pwll Rhyngwladol Caerdydd
- Pwll Rhyngwladol Cymru yn Abertawe

Ffaith!

Roedd gwisgoedd nofio merched yn dipyn gwahanol slawer dydd!

Ellie Simmonds

★ Mae'r bencampwraig baralympaidd, Ellie Simmonds, yn ymarfer ym mhwll Abertawe.

★ 13 oed oedd Ellie pan enillodd ddwy fedal aur yn nofio dros Brydain yng Ngêmau Paralympaidd Beijing yn 2008.

★ Ellie yw'r person ieuengaf erioed i dderbyn anrhydedd gan y Frenhines.

★ Enillodd ddwy fedal aur, un fedal arian ac un fedal efydd yng Ngêmau Paralympaidd Llundain yn 2012.

Geirfa

anrhydedd: clod

A wyddoch chi ...

Medalau Olympaidd

★ Nofiodd **David Roberts** mewn saith cystadleuaeth yn y Gêmau Paralympaidd yn Sydney (2000) a chipio saith medal.

★ Yn dilyn ei lwyddiant yng Ngêmau Paralympaidd Beijing yn 2008, mae gan y nofiwr:

- 11 medal aur
- bedair medal arian
- un fedal efydd

Ffaith!

David Roberts sydd âr record yng nghystadlaethau nofio'r 50 metr, 100 metr, 200 metr a'r 400 metr yn y dull rhydd.

★ Cipiodd y nofiwr **David Davies** o'r Barri (Dai Sblash i'w ffrindiau), fedal efydd yng Ngêmau Olympaidd Athen (2004) a medal arian yn Beijing (2008).

★ **Irene Steer** o Gaerdydd oedd y Gymraes gyntaf i ennill medal aur yn y Gêmau Olympaidd, a hynny yn Stockholm 1912.

★ Enillodd ei thîm y ras gyfnewid dull rhydd dros 100 metr yn yr amser gorau erioed.

★ **Paulo Radmilovic** o Gaerdydd oedd y Cymro cyntaf i ennill medal aur yn y Gêmau Olympaidd.

★ Enillodd bedair medal aur Olympaidd rhwng 1908 ac 1924 mewn polo dŵr.

Beicio
A wyddoch chi ...

★ Mae tua 1,000,000,000 (biliwn) o feiciau yn y byd – dwy waith yn fwy o nifer na cherbydau modur.

★ Mae modd parcio hyd at 20 beic mewn gwagle sy'n gallu dal dim ond un cerbyd.

★ Cafodd y beiciau cyntaf eu creu heb bedalau!

Nicole Cooke

★ Nicole Cooke yw'r cyntaf o Gymru i ennill medal aur unigol Olympaidd ers 1972.

★ Enillodd fedal aur yn y ras ffordd i ferched yng Ngêmau Olympaidd Beijing yn 2008.

★ Hi oedd yr ail ferch o Gymru i ennill medal aur yn dilyn llwyddiant Irene Steer yn 1912.

Geraint Thomas

★ Enillodd Geraint Thomas fedal aur gyda thîm Prydain yn y ras gwrso yng Ngêmau Olympaidd Beijing pan oedd yn 22 oed, gan sefydlu record byd o dair munud 53.314 eiliad.

★ Ef oedd y Cymro cyntaf i gystadlu yn ras feicio y *Tour de France* ers 1967.

★ Geraint oedd y cystadleuydd ieuengaf yn y ras yn 2007.

★ Gwisgodd y Siwmper Wen, sy'n cynrychioli beiciwr ifanc (dan 25 oed) gorau'r gystadleuaeth am bedwar diwrnod yn y *Tour de France*, 2011.

★ Cipiodd Geraint ei ail fedal aur Olympaidd yn Llundain, 2012. Yn y ras gwrso, sefydlodd Geraint a'i dîm record byd o dair munud 51.659 eiliad dros bellter o 400 metr.

Geirfa

gwagle: lle gwag, heb ddim byd ynddo neu arno

Hoci
A wyddoch chi ...

C+A

CWESTIWN: Beth yw mesuriadau cae chwarae hoci?

ATEB: 92 metr o hyd a rhwng 50 a 55 metr o led.

★ Dim ond y gôl-geidwad sy'n cael defnyddio traed i gicio'r bêl.

★ Mae'r gêm yn cael ei chwarae mewn 70 o wledydd ledled y byd ac ar bob cyfandir.

★ Enillodd Cymru'r fedal efydd ym Mhencampwriaeth Ewrop yn 2009.

Ffaith!

Mae haneswyr byd y campau'n siŵr bod hoci'n gêm oedd yn cael ei chwarae gan genedlaethau cyn cyfnod Crist.

Sarah Thomas

★ Roedd Sarah o Ferthyr Tudful yn aelod o dîm hoci merched Prydain a gipiodd fedal efydd yng Ngêmau Olympaidd Llundain, 2012. Hi oedd yr unig Gymraes yn y tîm.

★ Sarah sgoriodd y gôl olaf ym muddugoliaeth Prydain – (3-1 yn erbyn Seland Newydd).

Geirfa

ledled: yn ymestyn ar draws

cyfandir: un o'r saith darn anferth o dir sydd yn y byd

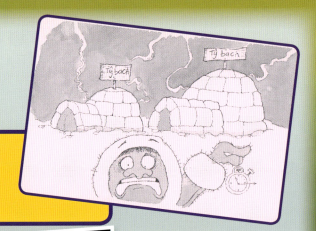

C+A

CWESTIWN: Faint o amser sydd gan bobl yn yr Arctig i fynd i'r tŷ bach y tu allan cyn y bydd rhew'n cydio?

ATEB: 30 eiliad.

Lowri Morgan

★ Cystadlodd mewn ras 222 cilometr ar draws jwngl yr Amazon.

★ Collodd holl ewinedd ei thraed a dioddef o glefyd traed y ffosydd.

★ Bu'n cystadlu yn Ras 633 Ultra yn yr Arctig mewn tymheredd o -92°C.

★ Dim ond chwe pherson sydd erioed wedi cwblhau'r her yma.

Jade Jones

★ Jade yw'r unigolyn cyntaf o Brydain i ennill medal aur Olympaidd mewn Taekwondo (Llundain, 2012).

★ Hi yw'r ail Gymraes i ennill medal aur Olympaidd unigol.

★ 'Headhunter' yw ei llysenw.

★ Enillodd dlws Personoliaeth Chwaraeon y Flwyddyn BBC Cymru yn 2012.

Non Evans

★ Non yw'r unigolyn sydd wedi cynrychioli Cymru yn y nifer fwyaf o gampau, sef rygbi, jwdo, reslo, codi pwysau a chodi pwysau pŵer.

★ Derbyniodd anrhydedd gan y Frenhines am ei chyfraniad i'r campau.

Tom James

Rhwyfo

★ Mae dau fath o rwyfo:
- lle mae rhwyfwyr yn dal rhwyf ym mhob llaw
- lle mae rhwyfwyr yn defnyddio dwy law i dynnu un rhwyf trwy'r dŵr

★ Mae rhwyfo'n un o'r ychydig chwaraeon sy'n defnyddio holl brif gyhyrau'r corff.

★ Roedd **Tom James** o Wrecsam yn aelod o dîm rhwyfo pedwar heb lywiwr Prydain a enillodd fedal aur yng Ngêmau Olympaidd Llundain, 2012.

★ Enillodd **Chris Bartley** a'i griw fedal arian yng Ngêmau Olympaidd Llundain 2012, yn y gystadleuaeth rhwyfo i bedwarawd ysgafn.

Chris Bartley

Elin Haf Davies

★ Hi oedd y Gymraes gyntaf i rwyfo ar draws Cefnfor Iwerydd.

★ Roedd hi hefyd yn un o'r tîm cyntaf o ferched i rwyfo 3,200 milltir ar draws Cefnfor India yn 2009, gan osod record byd.

Ffaith!

Rhwyfo yw un o'r ychydig gampau lle mae'r cystadleuwyr yn croesi'r llinell derfyn tuag yn ôl!

Hwylio

★ Cwch hwylio yw'r enw am gwch sy'n defnyddio hwyliau i'w symud, yn hytrach na pheiriant neu rwyfau.

★ Mae hwylwyr yn defnyddio pŵer y gwynt i newid cyfeiriad a chyflymder cwch.

★ Cipiodd **Hannah Mills** o Ddinas Powys fedal arian yn y ras hwylio i barau o ferched yng Ngêmau Olympaidd Llundain, 2012.

Dringo
A wyddoch chi ...

C+A

CWESTIWN: Ar ôl pa ddringwr o Bowys y cafodd y mynydd uchaf yn y byd ei enwi?
ATEB: Syr George Everest.

★ **Caradog Jones** oedd y Cymro cyntaf i gyrraedd copa Everest yn 1995.

★ **Tom Whittaker** oedd y person anabl cyntaf i gyrraedd copa Everest yn 1998.

★ Collodd y Cymro ran o'i goes mewn damwain ffordd yn 1979.

Tom Whittaker

★ **Tori James** oedd y Gymraes gyntaf a'r Brydeinwraig ifancaf i goncro Everest.

★ Roedd hi'n rhan o'r tîm merched fu'n cystadlu mewn ras i Begwn y Gogledd yn 2005 drwy dynnu certiau llusg ar draws moroedd rhewllyd.

★ **Richard Parks** yw'r cyntaf erioed i ddringo'r mynydd uchaf ar bob un o'r saith cyfandir yn ogystal â'r ddau begwn mewn tua chwe mis a hanner.

Geirfa

copa: man uchaf
pegwn: y naill ben a'r llall o echelin y Ddaear

A wyddoch chi ...

★ **Edgar Evans** o Rosili oedd un o aelodau *ymgyrch* Capten Scott i'r Antarctig yn 1912.

★ Roedd e'n un o'r pump lwyddodd i gyrraedd Pegwn y De, ond bu farw'r criw i gyd.

★ **Eric Jones** oedd y Prydeiniwr cyntaf i ddringo wyneb gogleddol yr Eiger yn 1969.

★ Yn 63 oed neidiodd oddi ar raeadr uchaf y byd, sef Angel Falls yn Venezuela. Ef yw'r hynaf i wneud hyn.

★ Yn 1991, fel rhan o dîm o bedwar, hedfanodd ddau falŵn dros fynydd Everest – cafodd hyn ei *gofnodi* yn y *Guinness World Records*.

Ffaith!

Mae Eric Jones hefyd wedi gwneud gwaith styntio ar gyfer ffilmiau James Bond!

Geirfa

ymgyrch: gweithgareddau wedi'u cynllunio er mwyn cyflawni rhywbeth

cofnodi: ysgrifennu record ffurfiol; nodi

Rasio Ceffylau
A wyddoch chi ...

Cwrs Rasio Caer

Cyrsiau rasio

★ Mae tri chwrs rasio yng Nghymru:

- Bangor Is-coed yn y Gogledd Ddwyrain
- Cas-gwent ar lan afon Gwy
- Ffos Las yn Sir Gaerfyrddin

★ Cas-gwent yw prif gwrs Cymru.

★ Agorodd cwrs Ffos Las ym mis Mehefin 2009 ar safle hen waith glo brig.

★ Caer yn Lloegr, dros y ffin o Gymru, yw'r cwrs rasio:

- hynaf ym Mhrydain – mae ceffylau wedi bod yn rasio yno ers yr 16eg ganrif
- byrraf o ran hyd – dim ond milltir ac ystaden yw ei bellter

Cwrs Rasio Ffos Las

Grand National Cymru

★ Cafodd *Grand National* Cymru ei chynnal gyntaf yn 1895 ar gwrs Trelái, Caerdydd.

★ Mae'n cael ei chynnal rhwng y Nadolig a'r Flwyddyn Newydd.

★ Yn 1980, Linda Sheedy oedd y fenyw gyntaf i gystadlu yn y ras.

Ffaith!

Enillodd Jack Anthony Grand National Prydain dair gwaith, gyda'r ceffylau Glenside (1911), Ally Sloper (1915) a Troytown (1920).

Geirfa

ystaden: hen ddull o fesur (*furlong*), 8 ystaden = 1 milltir

cynnal: gwneud i rywbeth ddigwydd

A wyddoch chi ...

Y Cymry sydd wedi ennill *Grand National* Prydain ers yr Ail Ryfel Byd

Enw	O ble?	Sawl gwaith enillwyd y *Grand National*?	Enw'r ceffyl, ac ym mha flwyddyn?
John Cook	Gwent	1	*Specify* (1971)
Neil Doughty	Mynyddcynffig	1	*Hello Dandy* (1984)
Hywel Davies	Aberteifi	1	*Last Suspect* (1985)
Carl Llewellyn	Sir Benfro	2	*Party Politics* (1992) ac *Earth Summit* (1998)

Ffaith!

Dros yr hanner can mlynedd diwethaf, mae 36 o geffylau wedi cael eu lladd ar ôl cael niwed yn ras y Grand National.

Ceffylau Enwog

★ *Norton's Coin* – Yn 1990 synnodd y ceffyl *Norton's Coin* o ardal Nantgaredig bawb wrth iddo ennill Cwpan Aur Cheltenham ar bris o 100/1.

Bocsio
A wyddoch chi ...

Sawl **gornest** mae pob bocsiwr wedi ei hennill neu ei cholli?

		Ennill	Colli	Gwybodaeth ychwanegol
Jim Driscoll	(1880-1925)	54	3	Ymladdodd 15 rownd yn 39 mlwydd oed â bawd ei law chwith wedi datgymalu. Daeth 100,000 o bobl i angladd pencampwr answyddogol y byd.
Jimmy Wilde	(1892-1969)	137	4	Bu'n bencampwr y byd am fwy o flynyddoedd na neb arall. 'The Mighty Atom' oedd ei lysenw!
Howard Winstone	(1939-2000)	61	6	Collodd flaenau tri bys ar ei law dde yn ei arddegau ar ôl damwain mewn ffatri deganau. Bu'n bencampwr y byd am chwe mis.
Colin Jones	(1959-)	26	3	Ef oedd y bocsiwr Prydeinig ieuengaf i gystadlu yn y Gêmau Olympaidd cyn Amir Khan yn 2004. Cystadlodd yng Ngêmau Olympaidd Montreal yn 1976.
Joe Calzaghe	(1972-)	46	0	Bu'n bencampwr y byd am fwy nag 11 mlynedd.
Nathan Cleverly	(1987-)	24	0	Ef yw pencampwr Pwysau Ysgafn y Byd ar hyn o bryd!

★ Enillodd **Fred Evans** fedal arian yng nghystadleuaeth pwysau Welter y Gêmau Olympaidd yn Llundain, 2012.

C+A

CWESTIWN: 'The Tonypandy Terror' oedd llysenw pa focsiwr o Gymru?

ATEB: Tommy Farr – un o'r bocswyr mwyaf adnabyddus yng Nghymru a Phrydain ar un adeg!

Ffaith!

Yn ôl pob tebyg, **Freddie Welsh** (1886-1927) yw'r unig llysieuydd i ennill Pencampwriaeth y Byd ym maes bocsio.

Geirfa

gornest: cystadleuaeth
datgymalu: datod, dod yn rhydd
llysieuydd: person nad yw'n bwyta cig